EL UNIVERSO ES UN HOLOGRAMA

Reynaldo Caballero Cáceres

Colección Cuentos cuánticos

EL UNIVERSO ES UN HOLOGRAMA

Colección Cuentos cuánticos

Reynaldo Caballero Cáceres

Agradecimientos

Agradezco a Yolanda Suarez Ballesteros por su gran apoyo, y colaboración para escribir esta obra. Con su amor y su inspiración permanente, me permitieron llegar al final del libro.

A Ediciones Grainart y a la editora Mónica Patricia Ossa Grain quien fue una asesora permanente para que hoy este libro vea la luz de la publicación.

Prólogo

El universo es un holograma

Un cuento cuántico es una novela corta a manera de mini cuentos, poemas o crónicas de ciencia ficción en los que se entrelazan ciencia y filosofía, e historia, mediante el lenguaje de la imaginación.

La ciencia ficción es un género narrativo que sitúa la acción en unas coordenadas espacio-temporales imaginarias y diferentes a las nuestras, y que especula racionalmente sobre posibles avances científicos o sociales y su impacto en la sociedad.

Cuántico es un adjetivo que se utiliza en el campo de la física. El concepto se refiere a lo vinculado con unos ciertos saltos de la energía al emitir o absorber radiación, que se conocen como *cuantos*. El alemán Max Planck es señalado como el padre de la física cuántica.

Una teoría de la física cuántica trata de entender el triunfo del amor a distancia, que acostumbra a ser cuestionado. Sin embargo, esta metáfora explica por qué no es incompatible estar lejos, con sentir una conexión real con otra persona.

La forma más efectiva de acceder al campo cuántico, y comenzar a modificar la realidad, es a través de la meditación, buscando alinear mente y cuerpo.

¿Cómo puede afectar la computación cuántica a la inteligencia artificial? Al aumentar el potencial computacional de los sistemas de inteligencia artificial, gracias a su potencia combinatoria, el ordenador cuántico podría reducir los tiempos de aprendizaje y procesamiento de muchas aplicaciones de inteligencia artificial, además de mejorar el razonamiento y la comprensión.

Estamos ingresando a la era del META VERSO-, VERSO VIVO- donde la imaginación y la creatividad, harán posibles encuentros reales en la pantalla del ordenador o del televisor; será la tercera y cuarta dimensión aplicada a las artes.

Reynaldo caballero Cáceres

CUENTOS
EL UNIVERSO ES UN HOLOGRAMA

Llegaron las naves del cosmos, y con rayos de energía, cortaron las piedras. Con rayos transportadores las elevaron y colocaron en su lugar. Están construyendo una pirámide.

El interior de la Pirámide de Giza está totalmente vacío, a excepción del sarcófago de granito del gran faraón Keops, que también se encuentra vacío. Cuenta con una altura de 140 metros y se erige sobre una enorme base de 230 metros (casi 1 kilómetro de perímetro). Terminaron la construcción, y se llevaron a Keops para la otra dimensión.

El soldado caminaba con mucho cuidado por la selva. Un mico lo miró y empezó a chillar. Habían amaestrado algunos micos para que dieran aviso de la presencia de la tropa. El soldado se tendió y no daba muestras de vida. Escuchó voces y eran voces amigas. Se levantó y se puso a imitar el trinar de un pájaro. Había descubierto una caneca llena de coca en el lugar donde se había tendido. Marcó con su cuchillo un árbol con sus iniciales, sacó varios paquetes de coca, y de pronto explotó una mina. Al soldado lo encontraron muerto cubriendo la caneca.

Al fin logré tele transpórtame al pasado. Visité a Borges en su apartamento. Durante una hora dialogamos acerca de los viajes interestelares. Deseo conocer su tumba en Ginebra. Somos seres invisibles. "Oh Dios, podría estar limitado en pocas palabras y me considero un rey del espacio infinito" Hamlet.

Hoy recuerda cuando inició la escritura del Popol Vuh. También recuerda cuando seres humanos venidos del mar quemaron los libros.

Existen tres textos mayas que sobrevivieron a la quema de los españoles: Popol Vuh, Chilam Balam, y Las Crónicas de Chacxulubchen).

Para los mayas Hunab Ku era el padre de todos los dioses y su cultura refiere que este dios, es el único que posee vida y del cual provienen todas las demás cosas, no solo los otros dioses mayas, sino todo lo que se encuentra a nuestro alrededor.

Es un dios dual, pues representa el todo y la nada. Los mayas lo invocan por medio del sol, de donde creen que proviene. Terminó de escribir el Popul Vuh y partió en su nave voladora. Ahora lo llaman el astronauta de piedra de Pacal.

El científico y novelista ruso Alexander Kazantev, asegura que el hombre en posición reclinadas se trata de una nave espacial y que el astronauta, estaría sobre un asiento, con el cinturón de seguridad puesto, que tendría los pies apoyados en unos pedales, con controles al frente y una gran cantidad de tornillos, resortes, caños, tableros y palancas de mando a su alrededor. Dibujó un cohete para mostrar las similitudes.

Pronunció la palabra UGBAR y empezó a llover en el espejo circular. Dijo ALMOTASIN, y la lluvia pasó; empezaron a desfilar árabes montados en sus camellos, hindúes montando en sus elefantes, y apareció la sonda Voyaguer I, lanzada el 5 de septiembre de 1977 desde Cabo Cañaveral, Florida. El espejo es la pantalla de un supercomputador galáctico.

Existe el Gran Colisionador de Hadrones (LHC; en inglés *Large Hadron Collider*). Este es el acelerador de partículas más grande y de mayor energía que existe, y la máquina más grande construida por el ser humano en el mundo. Fue construido por la Organización Europea para la Investigación Nuclear (CERN), entre 1998 y 2008, en colaboración con más de 10000 científicos y cientos de universidades y laboratorios, así como más de 100 países de todo el Mundo. Se encuentra en un túnel circular de 27 kilómetros de largo, a una profundidad de 175 metros bajo tierra, debajo de la frontera entre Francia y Suiza, cerca de Ginebra.

El científico cuántico desapareció y algunas veces aparece en la supercomputadora . Los datos informáticos producidos por el LHC, así como la simulación relacionada con LHC, se estiman aproximadamente en 15 petabytes al año (el rendimiento máximo durante la ejecución no se ha especificado), lo cual es un enorme desafío de computación en todo momento.

El LHC Computing Grid fue construido como parte del diseño del LHC para manejar la gran cantidad de datos esperados en las colisiones, mientras tanto, el científico aparece y desaparece de la supercomputadora.

Los Chibchas o Muiscas vivían en un fértil valle rodeado de cerros y ríos cristalinos. Se alimentaban de la caza y la pesca y no les faltaba el sustento.

Durante una sequía muy fuerte, los animales comenzaron a morir y los ríos a secarse. Piraca era un joven chibcha que vivía con su esposa y sus dos hijos pequeños. Siempre había podido traer comida para su familia, pero ahora se sentía abatido por el hambre y no sabía cómo conseguir alimento.

Su esposa le recordó de las piedras verdes y brillantes y los granitos de oro que recogían los niños en el río cuando lo acompañaban en sus cacerías. Tal vez, si Piraca iba al pueblo más cercano, podría cambiarlos por alimentos para su familia.

Partió llevando las piedras en una bolsa; caminó por varios días, y vencido por el cansancio y el hambre, se recostó para hacer una siesta. Mientras dormía, un gran pájaro negro se le acercó y le quitó la bolsa de piel.

Piraca se despertó asustado y miró con tristeza como las piedras y el oro caían desde las garras del animal y se perdían en el campo. Desesperado se echó a llorar.
En ese momento se le apareció un anciano de barbas blancas y le dijo:

—No llores. Deja el oro y las esmeraldas sobre el campo.

—¿Quién eres tú? preguntó asombrado de ver al anciano en medio del campo— Sí no recobro mis piedras mi familia morirá de hambre...

—Soy Bochica, el dios de tus abuelos. Vuelve en cuatro lunas y encontrarás un tesoro más valioso que tus joyas, no solo para ti, sino para tu pueblo.

Piraca obedeció a Bochica y volvió a casa con las manos vacías. Su familia triste y con hambre, esperó el tiempo que pidió Bochica, y cuando se acercaba la cuarta luna, salieron esperanzados a buscar el tesoro prometido.

Al llegar al pequeño valle donde había perdido sus piedras, vieron brillar a lo lejos un campo sembrado con unas plantas verdes, brillantes y sedosas como las esmeraldas, coronadas con unos penachos brillantes.

Al acercarse y buscar entre sus hojas; descubrió el fruto de la planta, resguardado por un capullo de hojas fuertemente cerradas. Dentro del capullo se escondían cientos de granitos de oro que brillaban al sol. Entonces Piraca comprendió que Bochica, una vez más recompensaba a su pueblo con el maíz, una planta que nacía del oro y las esmeraldas....
Con cien granos de maíz pira, Piraca hacia crispetas y las intercambiaba por sal y también por oro.

Leyenda Muisca

Todos debemos tener en cuenta que las aplicaciones de la teoría cuántica incluyen: la química cuántica, los magnetos súper conductores, los láseres, microprocesadores, resonancia magnética y microscopios de electrones. También explica muchos fenómenos biológicos y físicos de la energía. No obstante, ¿dónde podemos observar la física cuántica en la vida cotidiana?

Actualmente, la tecnología cuántica forma parte de nuestra vida, porque es utilizado en muchos sectores como la cosmología (exploración y conocimiento del Universo, su evolución, formación y vida de las estrellas).

El tiempo cuántico está en una superposición de estados en la que pasado, presente y futuro se funden, y en la que los procesos de causa y efecto se invierten. Se ha descubierto que la superposición de estados no solo es una propiedad de las partículas elementales, sino también del tiempo.

El niño preguntó a la mamá si podía quemar los libros de su curso; deseaba hablar sobre física cuántica, y la profesora no se lo permitía.

Cuando el experto en educación Ken Robinson dice: que "la escuela mata la creatividad", yo añadiría una cosa más: ¡Mata la curiosidad y las ganas de aprender! Frases como: "eso hoy no toca", "eso no es de este curso", "tú lo que tienes que hacer es aprenderte la tabla de multiplicar y dejar de lado la física cuántica".

Eran las dos de la madrugada cuando activó el botón que lo llevaría al Reino cuántico, a la ciudad donde las cosas aparecen y desaparecen al instante, convirtiéndolo en un ser visible e invisible. Ahora se encuentra en el túnel cuántico y lleva cinco horas esperando que se abra. Una rata oprimió el botón y apareció cinco años después. Un día viajó cinco siglos adelante y allí se quedó.

Era un güecha, un guerrero muisca, y su arma secreta lanzaba rayos paralizadores. Los enemigos quedaban como una estatua; se convertían en piedras de sal y después de la batalla los recogían y los echaban en una gacha de barro y los cocinaban: Después partían la olla y quedaba un bloque de sal que servía para intercambio con otros grupos y obtenían oro para realizar sus tunjos y balsas. Lo llamaban Neshken, *el astronauta de piedra.*

El presidente Carlos Holguín en el año 1893, le regaló a la reina consorte de España María Cristina de Habsburgo-Lorena, la parte del tesoro que compró por un precio altísimo.

El gesto aún duele... El Tesoro Quimbaya representa una de las colecciones más importantes del arte precolombino. Elaborados antes de la llegada de Cristóbal Colón a América, y reconocidos por su calidad artística y técnica, conformado por un conjunto de objetos de oro que incluyen tocados para la cabeza, recipientes, narigueras, collares y pendientes.

Ahora oprime el botón del alterador de la curva espacio-tiempo; todas las noches entra al Museo de Las Américas, en Madrid, donde se encuentran las piezas. Las contempla y duerme dentro de un poporo.

En la película británica *Moonraker* del agente secreto James Bond, filmada en 1979, el protagonista —interpretado por Roger Moore— llega a Tikal en un planeador. Desciende en el Templo del Gran Jaguar y descubre que es de esta ciudad Maya de donde se lanzan naves secretas al espacio.

Las naves viajeras a los espacios infinitos son rayos de luz de múltiples colores, y sus pasajeros son granos de maíz con caritas de jaguar.

Conocido hoy como el Monumento Yonaguni, este coloso pétreo de 50 metros de largo por 20 de ancho, constituye uno de los sitios submarinos más insólitos del mundo. Bautizada como *la Atlántida de Japón,* este monumento de forma piramidal tiene más de 10.000 años de antigüedad, según creen los expertos. Después de que Aratake descubriera la estructura, un grupo de científicos dirigido por el geólogo Masaaki Kimura, de la Universidad de Ryukyu en Japón, comenzó a investigar la misteriosa formación rocosa sumergida y con el aumento del nivel del mar en todo el mundo, centros urbanos destacados corren el serio riesgo de quedar sumergidas:

- Ámsterdam, Países Bajos.
- Basora, Iraq
- Nueva Orleans, Estados Unidos
- Venecia, Italia
- Calcuta, India
- Bangkok, Tailandia
- Georgetown, Guyana
- Ciudad Ho Chi Min, Vietnam
- Savannah, Estados Unidos

Viajó al Japón, y se quedó a vivir en la ciudad sumergida.

La creación ha comenzado su transformación. Los continentes se desplazan lentamente y llegará el momento en que mueva con fuerza las placas tectónicas y todo en la tierra comience a moverse de día y de noche.

El cambio climático está en marcha: nieves y hielos se descongelarán, los mares inundarán la tierra, los volcanes dejarán oír su voz, el hambre recorrerá los continentes, las tarántulas invadirán la tierra.

Terminó de leer profecías y salió con un cartel pidiendo sembrar un árbol.

Gracias a la investigación científica, se volvió invisible y ha sido imposible retornar a la normalidad. Es el hombre intangible. Desde el día que llegó al Museo de América, en Madrid, se convirtió en el guardián del tesoro Quimbaya, ese que un día un presidente de Colombia regaló a la reina.

Son 122 hermosas piezas de oro, y son pocos los colombianos que las conocen. En 1892 salió este tesoro y no ha vuelto a Colombia. El majestuoso tesoro Quimbaya representa una de las colecciones más importantes del arte precolombino. Fue elaborado antes de la llegada de Cristóbal Colón a América, y es valorado por su calidad artística y técnica; incluye tocados para la cabeza, recipientes, narigueras, collares, pendientes, caciques, poporos e instrumentos musicales, entre otros.

El hombre invisible volverá a la normalidad cuando regrese el tesoro a Colombia.

Aunque se afirma que Machu Picchu nunca se "redescubrió", porque los locales conocían de su existencia. Esta es la historia más contada de cómo se dio a conocer la importancia de este lugar.

El explorador y arqueólogo partió desde Cuzco con el objetivo de encontrar la ciudad Inca de Vilcabamba, que había sucumbido ante invasores españoles en 1572.

Siguiendo el río Urubamba, llegó a una montaña en la que encontró las ruinas de granito blanco escondido entre la vegetación. Pese a que en ese momento pensó que había dado con Vilcabamba, la ciudad Inca situada entre dos montañas, era realmente la ciudad que recibió el nombre de una de ellas: Machu Picchu.

Bingham quedó impresionado ante esta maravilla, por lo que consiguió iniciar un estudio científico, apoyado por la Universidad de Yale, el National Geographic Society, además del apoyo del Gobierno Peruano, hasta 1915.

Todas las noches se ven luces y música celestial sobre Machu Picchu y se observan seres de colores caminar por estos lugares. Parten siempre al alba en sus extrañas naves espaciales. El vimana(sánscrito विमान *vimāna*)es un mítico vehículo volador hinduista, descrito en la antigua literatura de la India. Se pueden encontrar algunas referencias sobre este artefacto —incluso sobre su utilización en la guerra— en textos hinduistas antiguos.

La madre de mi padre (mi Nona), contó que una noche entraron los motilones (estoy seguro), a un campamento petrolero en el Catatumbo. Fue en plena selva, y se llevaron un niño de dos años, hijo de un técnico norteamericano. Flechas contra fusiles y aviones. Pasaron veinte años y volvieron los motilones que eran comandados por uno de ellos: alto, mono y de ojos azules. Destruyó el campamento y se perdieron para siempre en lo profundo de la selva.

Era un hijo de la luna. Salía de noche; su madre era su compañía y sus hermanas eran las estrellas. Cuando las gentes lo veían venir, se escondían para no sufrir de ataques a la mente y volverse lunáticos. Hasta en lobos se pueden convertir o en vampiros. Si es luna llena, no se deben hacer cirugías. En alguna ocasión se ha llegado a afirmar que los cirujanos se niegan a operar en días de luna llena por el aumento del riesgo de muerte del paciente, debido a una mayor pérdida de sangre en esos días.

En octubre de 2009, el político británico David Tredinnick afirmó que durante las noches de luna llena "las cirugías no funcionarían, porque la coagulación de la sangre no es eficaz, y la policía tiene que poner más gente en la calle.

Un portavoz del Colegio Real de Cirujanos manifestó: "reírse a carcajadas" ante la sugerencia de que no podían operar en días de luna llena.

En el Antiguo Egipto lo que hacían era mojar la arena por donde pasaban los trineos para reducir la fuerza necesaria para empujarlos... Sus infinitos bloques de piedra se superponen uno sobre otro para alzar sus 146 metros hacia el cielo azul de Egipto, proclamando la gloria de su creador.

Todas las pirámides de Egipto se revistieron en piedra caliza blanca pulida, para reflejar la luz del sol y que brillaran como una joya.

El viajero del tiempo aplicó la fuerza de la antigravedad, y los bloques de piedra se elevaron y fueron dispuestos exactamente en su sitio.

2,3 millones de bloques de piedra conformaron la Pirámide de Keops y recubierta con unos 27.000 bloques de piedra caliza blanca pulida, procedente de la cercana cantera de Tura.

Viajó al futuro, donde conoció las ciudades submarinas, los rascacielos submarinos, los alimentos imprimibles, las ciudades de las estrellas, la tele trasportación, la invisibilidad, la juventud eterna, el ciber conocimiento en chip cerebrales, los idiomas musicales, la auto reproducción de los humanos.

Se acabaron los estados, solo hay metaversos.

Se sigue investigando la etimología de la palabra «Tikal». Se dice que viene del idioma maya yucateco, el cual significa «pozo del agua». También existen otras versiones acerca de su significado: como el «lugar de las voces» o el «lugar de las lenguas». Tikal no solo fue una de las ciudades mayas más grandes y antiguas, sino también un ejemplo muy representativo del auge y la enigmática caída de esta civilización durante su período clásico, entre los siglos III y X.

Un viajero del tiempo visitó a Tikal, y logró que todos los habitantes abandonaran la ciudad, para no morir intoxicados por el agua contaminada.

El cosmonauta que lleva seis meses en la base de las estrellas, debe seguir viviendo y trabajando en un entorno muy distinto al de la Tierra. Como siempre, debe cuidar su higiene personal, ir al baño, debe alimentarse, beber, mantenerse sano y en buena forma física.

Esta base sirve funciona como un gran laboratorio para la investigación en micro gravedad, y está permanentemente habitado. En el se realizan estudios sobre astrobiología, astronomía, sobre meteorología, física y otros campos.

Sonó la alarma. Encendió el motor y se elevó como un kilómetro para evitar el choque con la chatarra espacial.

El taxista, contó que un día escuchó llorar un bebé en el asiento de atrás y se asombró. Recordó el servicio que realizó a una mujer que debió dejar el bebé abandonado. La buscó en la dirección donde descendió en forma alegre y hasta se despidió de mano. No la encontró, no la conocen. Él recuerda el perfume fino que ese día llenó el taxi. El niñito fue adoptado por una familia francesa y salió del país. Ahora es un candidato a la presidencia de ese país.

El taxista dijo que viajará a París a la posesión, si sale elegido presidente...

Terminó de leer un libro sobre bioenergías. Diseñó el horno crematorio destinado a incinerar los cadáveres de los liquidados en las cámaras de gas. Formaba parte de la empresa que construyó 66 hornos; 46 operaron en Auschwitz. La cremación era sin humo y sin olor. La guerra terminó y apareció en Estados Unidos como fabricante de hornos para asar pollos.

Los cementerios empezaron a construir y a poner en funcionamiento hornos crematorios.

En la Gran Bretaña victoriana, cuando los muertos estaban expuestos antes de que se celebrase el funeral, todos los espejos de la casa estaban cubiertos con un velo, para evitar que el alma quedara atrapada. Sin embargo, esta práctica no era exclusiva de los británicos, pues se practicaba en todo el mundo, en Estados Unidos, China, Madagascar, Crimea y Bombay.

La costumbre aún persiste entre los judíos cuando practican el *shiva*, un período de luto que dura una semana. Algunas culturas antiguas creen que los espejos reflejaban el "alma oculta" o la verdadera naturaleza de la persona. Este podría haber sido el origen de la creencia de que los vampiros y los demonios no tienen un reflejo porque tampoco tienen alma que reflejar.

Ahora que sabes estas cosas, la próxima vez que te mires en un espejo puedes preguntarte qué dice realmente la imagen reflejada... Se encuentra atrapado en un espejo y está esperando que lo rompan para salir a vagar por la casa.

Ingirió una pastilla para volverse invisible pues quería conocer La Casa de Nariño, donde reside el presidente de Colombia y así poder visitar el Salón del Consejo de Ministros.

El sitio se encuentra decorado con el cuadro *El Cóndor* de Alejandro Obregón, los retratos de Camilo Torres, Jorge Tadeo Lozano, Domingo Caicedo y Joaquín Mosquera, y con el cuadro de Beatriz González *La Constituyente*. La antesala del Salón Protocolario tiene los cuadros: *La Monja* de Fernando Botero, el tríptico *Glorificación de Bolívar* de Andrés de Santa María y *Ángel cayendo* de Alejandro Obregón; posteriormente ingresa al Salón Protocolario, el cual está decorado con una bandera de Colombia tejida con lana campesina, crin y algodón.

El despacho privado del presidente está decorado con los retratos de Simón Bolívar, Francisco de Paula Santander y Antonio Nariño. Aunque él, olvidó tomarse la pastilla para regresar a la normalidad y no volvieron a saber del misterioso ciudadano que deambula por esta casa.

Era un hacker capaz de entrar y destruir cualquier sistema informático del mundo. Era el terror de los servicios secretos; usaba una máscara de colores, anteojos infrarrojos, guantes electrónicos que no permitían dejar huellas, su voz era de diferentes tonos; a veces emitía voces femeninas y otras masculinas: hablaba ciento veinte idiomas, extraía enormes cantidades de dinero de las cuentas militares y las regalaba a los pobres del mundo, cambió el rumbo de una nave enviada por las agencias aeroespaciales y la envió a Plutón.

Entró a la Asamblea de la ONU y se presentó como el Capitán Amor. Ofrecían por él, mil millones de dólares de recompensa. Un niño de cinco años se entregó ante la CIA y demostró que él era el Capitán Amor.

Recorrió la ciudad invitada por el novio que labora en una empresa que se encarga de proveer las cajas, coches fúnebres y demás objetos pertenecientes a los entierros. Juan conduce una flamante carroza fúnebre, un vehículo que se utiliza para transportar el ataúd que contiene los restos mortales de una persona.

—Cuando, al doblar una esquina, te cruzas con un coche fúnebre por la izquierda, es señal de buena suerte, pero si pasa por la derecha, es todo lo contrario, comentó la novia.

—Entonces generemos la buena suerte siempre cruzando por la izquierda dijo Juan.

Luego se detuvo en una iglesia y se casaron. La luna de miel se realizó en el cementerio.

Cuando vio pasar raudo por los cielos un avión de guerra, se concentró. El avión empezó a dar giros, piruetas, subía verticalmente, bajaba como si fuera a estrellarse contra la tierra, y de pronto desapareció y lo reportaron perdido.

Un día cualquiera que llegaron astronautas y cosmonautas al Planeta Marte, allí estaba el famoso avión y el piloto cantaba:

"En mi tierra yo me siento como un rey,
un rey pobre pero al fin y al cabo rey,
mi castillo es un ranchito de embarrar
y mi reino todo lo que alcanzo a ver.
por corona tengo la cara del sol
y por capa una ruana sin cardar,
es mi cetro el cabo de mi azadón
y es mi trono una piedra de amolar."

A las dos de la tarde de todos los días, la muchacha que siempre viste de rojo, se sentó en una banca del Parque Pinzón, en Tunja, y exactamente a las dos y media se levantó y caminó silbando tonadas mexicanas. Comentó que dialogaba con su amigo de temas del pasado, sobre el siglo XIX. Sonó el celular y ella respondió. Su amigo intrigado preguntó qué clase de aparato era ese, y ella respondió: es un celular de última generación. A partir de ese día no volvió el amigo al parque.

Consultando una enciclopedia sobre los poetas del siglo XIX vio su retrato; tomó la foto con el celular y ahora llega a las dos de la tarde al parque; el celular timbra, y conversa agradablemente con su amigo del alma.

Fui nombrado jurado del Premio Nobel de Literatura 2030. Vamos a premiar a todos aquellos que lo merecen y no fueron tenidos en cuenta. Hay grandes autores del siglo XX que debieron recibir este galardón. Por ejemplo: Rubén Darío, Marcel Proust o Vladimir Nabokov, así como Franz Kafka y a Jorge Luis Borges. Incluimos también a Julio Cortázar, Miguel Delibes, León Tolstói, Émile Zola, Henrik Ibsen, Paul Valéry, Benito Pérez Galdós y Rómulo Gallegos.

Mario Vargas Llosa, ganador del Nobel en 2010, señaló que Borges y César Vallejo también merecían el premio. Por sus valiosas aportaciones a la literatura de habla hispana deben ser condecorados con el galardón: Rosario Castellanos (México), Julio Cortázar (Argentina), Isabel Allende (Chile), Juan Rulfo (México), Jorge Luis Borges (Argentina), Ernesto Sábato (Argentina), Alejandra Pizarnik (Argentina), Jaime Sabines (México), Fernando Soto Aparicio (Colombia). Fernando Vallejo (Colombia), Laura Restrepo (Colombia), y quien escribe esta nota.

— ¿Quién es usted? y le respondieron:

—Soy Napoleón a veces Simón Bolívar, mañana no sé quién seré. A veces en la mañana soy un hombre y por la tarde una mujer. Cada día que pasa el mundo cambia tanto, que todos cambiamos con él. A veces somos elefantes o tiburones.

Dentro de unos siglos todo esto habrá acabado y será un desierto como el planeta Marte, y vendrán extraterrestres de planetas muy distantes a buscar la razón de porqué la vida acabó aquí.

Siempre he pensado que el escritor Borges algún día fue visitado por extraterrestres en diálogo extrasensorial o telepático. En el idioma universal de la música.

Me imagino que dialogaron sobre mundos muy avanzados, todos científicos, capaces de viajar por el infinito y sembrar en la mente de los escogidos datos avanzados. Pienso que hablarían de esferas tornasoladas, de planetas espejos, de tele transportación, de la invisibilidad, de los libros que leen los viajeros interplanetarios.

Hablarían de este mundo enloquecido, de la creación de los planetas, de la inteligencia del agua, de la intercomunicación con todos los seres vivos, llámense perros, gatos o elefantes, en fin, hasta con las plantas, y espero que dejarían un gran legado a la biblioteca de Babel. Borges es un extraterrestre.

Durmió tranquilo y despertó intranquilo. Soñó con una ciudad de edificios de aire comprimido que cambian de color con las horas. Vio dos soles: uno real y otro artificial. La gente no habla, se comunica por telepatía; están teledirigidos por computadoras que todo lo saben, y la inteligencia artificial se encuentra en todo, hasta en las plantas. Es la hora de regar el jardín, dicen los pajaritos, que trinan canciones del siglo XX y de todos los siglos.

No hay escuelas, ni colegios ni universidades; todos están conectados a las computadoras cibernéticas. Se tele transportan a la velocidad de la luz. No había despertado, está en el siglo XXV.

Entró a una iglesia donde realizaban un acto litúrgico. Caminó hasta el altar, abrazó al sacerdote, y luego se sentó en el piso. La misa continuaba sin alteraciones; abrazó al Cristo crucificado, salió del templo.

Quería que lo vieran, que lo tocaran, que lo abrazaran. Era el hombre invisible, era un profesor de la universidad, realizando un experimento en el laboratorio los estudiantes que no lo volvieron a ver. El hombre invisible (en inglés, *The Invisible Man*), es una novela de ciencia ficción del escritor británico H. G. Wells.

El hombre invisible del título, es Griffin, un científico que teoriza que si se cambia el índice refractivo de una persona para coincidir exactamente con el del aire, y que si su cuerpo no absorbe ni refleja la luz, entonces no será visible. Griffin logra llevar a cabo este proceso consigo mismo, pero luego no puede volver a ser visible, llegando a un estado mental inestable como resultado.

Participó en la subasta internacional sobre el auto fantástico. El auto entró en subasta con un precio base de 175 mil dólares. La expectativa original era alcanzar los 300 mil dólares. Sin embargo, el remate online ya recibió ofertas hasta 450 mil dólares.

La subasta terminará en 15 días y se puede seguir en vivo. David Hasselhoff vende su KITT personal... KITT era todo con lo que soñaba un fanático de los autos en los '80: futurista, veloz, volador y parlanchín.

Michael Knight (interpretado por el actor David Hasselhoff), es un defensor de los pobres y desamparados, cuyo nombre real es Michael Long, que combate la injusticia conduciendo un prototipo de automóvil de alta tecnología.

El automóvil, llamado KITT (*Knight Industries Two Thousand*), incorpora una computadora central, que realmente es una IA (inteligencia artificial autoconsciente), altamente inteligente y con capacidad de hablar e interactuar como si fuese una persona real.

La abuelita lo vio llorando y lo consoló diciéndole:

—Michael mañana le compro tres autos fantásticos para que juegue con los niños del vecindario.

El domingo por la tarde observó a cuatro hombres que estaban escondidos. Se habían fugado y eran buscados por el ejército americano.

Dialogamos un rato y después de explicarles el problema, fueron contratados como soldados de fortuna. Entraron en acción, recopilaron información y tendieron una emboscada a los ladrones de gatos de cualquier raza y color. Eran contrabandistas y exportaban no solo gatos, sino cualquier clase de animal, desde tigres de bengala, hipopótamos, avestruces, micos, papagayos, hasta culebras venenosas.

Pronto llegaron a visitarme y traían mi lindo gato que había sido secuestrado. Pedían un millonario rescate. Eran Los Magníficos.

Por los años de 1890 en Colombia se rumoraba sobre un hacendado que tenía pacto con el diablo; era muy rico y al morir debía entregarle el alma.

En dialogo con este amigo, contó que era rico por su trabajo diario en la hacienda donde sembraba café. Desde un balcón de la casa observaba a los trabajadores con un catalejo que trajo de Europa, y el día de pago les descontaba lo que habían hecho, como acostarse a dormir. No le creí el cuento y me invitó a ser su socio y que entrara al dicho pacto. Tuve temor y no volví a charlar con este amigo que cuando muera, entregará el alma a los infiernos para toda la eternidad.

Eran las once de la noche y se dirigía a su vivienda ubicada en un cerro. La noche estaba estrellada, y la luna iluminaba el sendero. De pronto escuchó un grito, un llanto horrible, y entre la niebla vio una hermosa mujer. Cuando estuvo como a un metro de distancia, tuvo miedo. Era el ángel de la muerte. Pasó a su lado y el terror no le permitía reaccionar. Después apareció la llorona; desfilaban brujas, y a toda velocidad una manada de lobos. Despertó bañado en sudor. Eran las seis de la mañana, hora de levantarse para ir al cementerio.

Su trabajo era enterrar a los muertos en el jardín de la eterna paz.

Dialogando con Roberto Gómez Bolaños, conocido como "Chespirito", contaba que fue actor, comediante, dramaturgo, escritor, guionista, compositor musical, director y productor de televisión mexicano. Es uno de los comediantes más queridos y respetados de América Latina, reconocido en todo el planeta por escribir, dirigir y protagonizar las series de televisión *Chespirito* (1970-1973, 1980-1995), *El Chavo del Ocho* (1973 - 1980), y *El Chapulín* Colorado (1973 - 1979). Me pregunto:

—¿Quién es usted?
—Soy ingeniero respondí, y él dijo:
—También soy ingeniero, pero nunca ejercí como tal.

El polifacético personaje estudió ingeniería, pero su verdadero talento lo encontró en el medio artístico, razón por la cual nunca ejerció formalmente la profesión. Sonrió y me dijo:

—Usted va a ser el profesor Jirafales, el maestro de la escuela que enseña a los niños de la vecindad y que está enamorado de Doña Florinda, a quien siempre le obsequia un ramo de flores.

Dialogaba con un caballero de vestido y sombrero color negro, bastón adornado con la cabeza de un ser maligno, zapatos también negros, que al caminar dejaban huella.

Su voz era como de música de los monjes benedictinos; sus ojos cambiaban de color a todo momento: a veces eran rojos, y otras azules, verdes, amarillos, blancos, negros que lanzaban fuego. La lengua era bípeda, y los dientes rechinaban a veces. Su número preferido era el 666. Despertó en la madrugada y escribió una nota para el periódico local: "un ser del más allá me visitó".

Según la leyenda, Luzbel era un ángel muy hermoso que se rebeló por soberbia contra el mismo Dios, queriendo ser como Él, y que fue lanzado fuera.

Aquel gran dragón, la serpiente antigua, que se llama Diablo y Satanás, que engaña a todo el mundo; fue arrojado a la tierra, y sus ángeles fueron arrojados con él.

Estaba pasando la luna de miel en una cabaña en el bosque encantado, cerca de un lago; el cielo con sus estrellas y la bella luna alumbrando el paisaje. De pronto sintió un ruido continuo en el techo; no podían dormir ni soñar, y la luna de miel se estaba convirtiendo en momento de angustia. Salió a investigar la causa del ruido; vio un pájaro carpintero que picoteaba la madera. Entró y salió con un zapato que lanzó con fuerza. El pájaro se fue dando gritos y riéndose de los humanos en luna de miel. Ese día nació el Pájaro Loco creado por Walter Lantz, diseñado originalmente por el dibujante Ben Hardaway.

El programa del Pájaro Loco, apareció desde 1930 hasta 1972, cuando Walter Lantz cerró su estudio. Es una de las estrellas del cine de animación que tiene una estrella propia en el paseo de la fama de Hollywood.

Cerca al sitio de lanzamiento de cohetes al espacio, estaban cientos de perritos de la raza Beagle. Asistían al lanzamiento del cohete Saturno V en el Centro Espacial Kennedy. La Nasa bautizó el módulo lunar como S*noopy*.

Recordemos que Snoopy fue creado por Charles Shulz, y que el dueño de Snoopy es Charlie Brown. La Nasa también bautizó como Charlie Brown al módulo de mando de la misión de Apolo 10. En noviembre de 2015, Snoopy recibió una estrella en el Paseo de la Fama de Hollywood. La misión Apolo 10 fue la cuarta misión tripulada del programa Apolo; fue lanzado el día 18 de mayo de 1969 con Thomas P. Stafford —comandante—, John W. Young y Eugene A. Cernan a bordo. Vehículo: Saturno V.

Mientras viajaba en tren, observé que un ratoncito se asomaba por el hueco de una maleta vieja. Le di un pedacito de queso; regresó con toda su familia y el queso se acabó.

Al rato volvió a salir y traía una historieta de Mickey Mouse, un personaje ficticio estadounidense de la serie del mismo nombre, emblema de la compañía Disney. Creado el 18 de noviembre de 1928, este ratón tiene un origen disputado. La leyenda oficial explica que fue creado por Walt Disney durante un viaje en tren, y que su nombre inicial fue Mortimer, pero que cambió a Mickey a petición de su esposa, Lillian.

Según Bob Thomas, la leyenda del nombre es ficticia, y cita el caso de un personaje llamado Mortimer Mouse, que nació en 1936, tío de Minnie Mouse. La versión más verosímil es que el personaje fue creado por el dibujante Ub Iwerks, a petición de Disney.

A Walt Disney solo hay que atribuirle tanto la voz del personaje, como la personalidad y el carácter del ratón: "Su cabeza era un círculo con otro círculo a modo de hocico. Su cuerpo era como una pera y tenía una cola larga; sus patas eran tubos y se las metimos en zapatos grandes para darle el aspecto de un chiquillo con el calzado de su padre".

Saludé a la Pequeña Lulú acompañada de Anita, su fiel amiga, y hermana de Fito, un poco más baja de estatura que ella. Es un poco más descuidada, malgeniada que Lulú, y posee una personalidad observadora. Ellas estaban de compras en un supermercado y adquirían algunas historietas de La Pequeña Lulú para obsequiarlos a los amigos del Club de Toby.

Lulú es una niña peinada con bucles, muy simpática, aunque a veces muy traviesa. Tiene una personalidad alegre y dinámica, además de tener un cierto grado de sentido común. Toby Tapia (Tubby Thompkins en inglés), es un niño rubio, algo gordito, líder del denominado "Club de Toby", donde se reúne con los niños que son sus amigos.

¿Cuándo fue creada Lulú? El personaje fue creado en 1935 por Marjorie Henderson Buell, conocida afectuosamente como Marge, pero fue lanzado en dibujos animados en el años de 1943 para el estudio cinematográfico Paramount Pictures.

Mientras investigaba en un laboratorio de biotecnología molecular, Peter Benjamin Parker, un estudiante de la Escuela de Ciencia y Tecnología de Midtown que, después de adquirir sus habilidades a causa de la mordida de una araña radiactiva, eligió combatir el crimen como el Hombre Araña.

Spider-Man, traducido en muchas ocasiones como Hombre Araña; es un personaje creado por los estadounidenses Stan Lee y Steve Ditko. Entre sus habilidades se destacan la fuerza, el combate y la inteligencia, además de ser capaz de producir y lanzar telarañas sintéticas con ayuda de unos lanzadores que van sujetos a sus muñecas; trepar, adherirse y desplazarse a través de muros y edificaciones, percibir peligros y amenazas a su alrededor de forma pre cognitiva, gracias a su «sentido arácnido».

Este laboratorio siguen experimentando y ayer una científica fue mordida por una araña llamada la viuda negra. Se encuentra en cuidados intensivos para evitar que ponga más de mil huevecitos y vengan al mundo niños monstruos.

Logramos traer al laboratorio el bloque de hielo donde se encuentra un joven en animación suspendida. Viste un traje que lleva un motivo de la bandera de los Estados Unidos, y utiliza un escudo casi indestructible que lanza como proyectil, pues es El Capitán América, descongelado en el presente.

A pesar de que el Capitán América a menudo lucha por mantener sus ideales como un hombre fuera de su tiempo con sus realidades modernas, sigue siendo una figura muy respetada en su comunidad, hasta convertirse en el líder de Los Vengadores.

El Capitán América fue el primer personaje de Marvel Comics que apareció en medios fuera de los cómics, con el estreno de la serie de 1944, *Capitán América.* Desde entonces, el personaje ha aparecido en otras películas y series de televisión.

Gracias a la tele transportación, viajó al siglo XXV para dialogar con Buck Rogers sobre su regreso al siglo XXI y unirse a la lucha contra los destructores del planeta Tierra. Empleando la radio net, escuchamos el programa de radio *Buck Rogers*, transmitido cuatro veces a la semana durante 15 años (1932-1947).

El programa relataba sus historias en el siglo XXV. Este programa fue producido y dirigido por Carlo de Angelo y más tarde por Jack Johnstone. Somos exploradores del espacio cibernético y viajeros de todos los siglos pasados y futuros.

Caminando por el puerto, de un enorme barco descendió "Popeye el marino". Él venia en compañía de Oliva. Este personaje de tiras cómicas y de cortometrajes de dibujos animados. Fue creado por Elzie Crisler Segar y apareció por primera vez en la tira cómica Timble Theatre de King Features Syndicate, en la edición del The New York Evening Journal del 17 de enero de 1929.

—¿Te gustan las espinacas?
—Las espinacas están bien... Me hacen más grandes los músculos. ¿Tú quién eres? Preguntó Popeye.

—Soy escritor respondí.

— Eres un marinero de los libros, de la vida...
-

Supermán trataba de bajar un gato que estaba subido en un árbol. El animal tiene lo que se conoce como *ojos dispares* (cada uno de un color). Su mirada felina, siempre bella y misteriosa, resulta aún más impactante. Seguramente te preguntarás el motivo de este "capricho" de la naturaleza y sí, esta particularidad puede ocasionar alguna consecuencia para su salud. La razón por la que tu gato tiene un ojo azul y otro verde es, sin lugar a dudas, una de las curiosidades sobre gatos que probablemente no sabías.

El gato brincaba de un lado para otro. Abajo estaban sus creadores Jerry Siegel (escritor) y Joe Shuster (artista). Lo llamaron Kal-El, el último hijo de Krypton; el gato es kryptoniano, sobreviviente del mayor desastre del universo.

Como Supermán, que tiene los ojos azules y 1.91 m de estatura, el pelo negro, era el gato consentido de su madre Lara Lor-Van y de su padre Jor-El y de su familia. Porta un traje azul y rojo, con una capa y un emblema con una letra "S" estilizada en su pecho, el cual se ha convertido en un símbolo del personaje.

La malla y los calzones sobre ella, propios de los artistas circenses, se establecieron pronto como la base de la vestimenta de muchos de los futuros superhéroes. «El concepto de Siegel de Supermán personificaba y amalgamaba tres temas separados y distintos entre sí: el visitante de otro planeta, el superhumano y la doble identidad. Compuso el carisma de Supermán explotando los tres elementos, y los tres contribuyeron de igual manera en el eventual éxito de la tira.

Él cuenta que la fortaleza de hielo en el Ártico se está descongelando por efecto del calentamiento global.

Supermán toma el gato, vuela tan rápido como a la velocidad de la luz y sopla su aliento congelante sobre la fortaleza y todo vuelve a la normalidad.

Sentado en una amplia banca del parque se encontraba Kalimán rodeado de niños quienes en coro cantaban: "La mente es el arma más poderosa, aquel que domina la mente, lo domina todo".

Llego la noche y Kalimán continuaba en este lugar. No era normal: partió en una ambulancia. No era kalimán el superhéroe que se enfrenta a cualquier enemigo, pero bajo la promesa de jamás matar, no importando la circunstancia. Kalimán es el séptimo hombre de la dinastía de la diosa Kali.

Es un hombre justo que dedica su vida en cuerpo y alma a combatir las fuerzas del mal, siempre acompañado de un niño egipcio, descendiente de faraones, llamado Solín. Aquella tarde el impostor de kalimán repetía una y otra vez: «Serenidad y paciencia, mucha paciencia». También, domina técnicas tales como telepatía, telequinesis y levitación (la cual casi nunca utiliza), y cada vez que su pequeño amigo Solín le pide una explicación, le responde con su singular frase: «El que domina la mente lo domina todo.»

Kalimán utiliza con frecuencia otras frases, y entre las más populares, aparte de las ya mencionadas: «Solo el cobarde muere dos veces», «Siempre hay un camino cuando se usa el camino de la inteligencia», «El valor consiste en vencer el miedo».

El domingo siguiente fui al hospital siquiátrico a visitar a mi nuevo amigo, un Kalimán pero sin sus poderes.

Despertó asombrado. En una libreta anotó una serie de números y siguió durmiendo. Volvió a soñar con el director técnico que por primera vez utilizó en un partido de futbol la táctica 4-4-2, de Viktor Maslov, que no pudo ver como la gran mayoría de los equipos de los 80 y en especial, los 90 se casaron con este sistema base, 4-4-2.

Viktor Maslov, recomendó el sistema ofensivo permanente el 4-6, y sus variantes a todo instante 5-5, 3-2-5, 4-3-3 y Colombia, conjuntamente con Ecuador y Perú, serán sede de la Copa del Mundo en el año 2030.

Al solar de la casa llegó un pato blanco de pico, piernas y patas anaranjadas, ojos de color celeste. Vestía una camisa de estilo marinero y un sombrero. Corrí y traje una historieta del Pato Donald. Los comparé y eran igualitos. Lo crie con amor, siempre pensando en el dibujante y animador Dick Lundy, que hizo los primeros trazos de este personaje destinado a ser una de las figuras protagónicas de la compañía Walt Disney. Así fue como Donald Fauntleroy -el nombre de pila del Pato Donald- hizo su primera aparición en 1934 en el corto animado "La Gallinita Sabia". Daisy Duck (o Pata Daisy), es la esposa del Pato Donald. Un día cruzó los cielos una bandada de patos migratorios y mi pato Donald alzo vuelo, dio una vuelta de despedida y partió.

Hablando de Pato Donald, hacia un frio tremendo cuando se encontró a Mickey Mouse, el ratón Mickey, el ratón Miguelito, dijo, y se acercó a felicitarlo porque está cumpliendo años, nació el 18 de noviembre de 1928, hoy es 18 de noviembre, y anda con sus amigos. La fiesta fue con queso de toda clase y para todos. Mickey Mouse es un personaje ficticio estadounidense de la serie del mismo nombre, emblema de la compañía Disney. Creado el 18 de noviembre de 1928, este ratón tiene un origen disputado. Creado por: Walt Disney; Ub Iwerks.

Los mejores amigos de Mickey Mouse siempre han sido Minnie, Pluto, Donald, Goofy y Daisy. También tiene unos menos cercanos, como Horacio, Clarabella, el Tío Gilito y Ludwig Von Drake; también Oswald y Hortensia en el videojuego de Epic Mickey. Estos personajes con los que él ha tenido una buena relación, le han admirado en programas, películas, series y cortometrajes. Aunque sea poca la relación, interactúa con Chip y Dale y también con Hugo, Paco y Luis, los sobrinos traviesos de Donald que siempre le han apoyado.

Leía entretenido la historieta o comic –book, de Mandraque el Mago, creado por Lee Falk. Fue el primer superhéroe de los comics, que cuando escuchó ruido en el primer piso, era un malhechor. Invocó a Mandraque, que con su capacidad hipnótica logró que este bandido viera ilusiones: se encontró rodeado de culebras, de un enorme león, y perseguido por Narda que lo golpeaba con una sartén gigante.

Salió de la casa rápidamente gritando, y fue capturado por la policía. Pedía que lo llevaran pronto a la cárcel y que no lo fueran a dejar solo. Era el Cobra el enemigo más peligroso y malévolo de Mandrake y el principal objetivo del Cobra es adquirir uno de los dos poderosos cubos de cristal, que incrementan la energía mental. Estos son guardados por Mandrake y su padre Theron.

Escuchó en su mente una voz que lo condujo a la cueva de la calavera del Fantasma y lo encontró agonizando, a sus pies. Muertos estaban Diana Palmer, Diablo el lobo, y Héroe el caballo blanco.

Su traje color purpura, un antifaz negro, y las botas, han sido característicos de todas las generaciones de Fantasmas, así como también un cinturón con dos pistolas calibre 45 que no usa para matar, además de un anillo en la mano derecha con una calavera. Persigue bandidos y los marca con la calavera de un golpe en la cara.

El Nuevo Fantasma es un negro africano y corre con una pantera negra a su lado y monta una jirafa. Cuando niño leía las historietas de este personaje creado por Lee Falk; es un personaje tan antiguo como puede ser Supermán, Batman o Mandraque, aunque tiene un estilo muy propio para combatir a los criminales. El Fantasma es inmortal.

Por la tarde debía luchar contra Santo, El enmascarado de plata. El coliseo de lucha estaba colmado de público que lucía la máscara de plata que ofrecían a la entrada por un peso mexicano. La lucha era mascara contra pelo. Mi cabellera era larga; caía sobre los hombros. Solo había un asalto, debía quitarle la máscara y mostrarle la cara al público, y ponerme la máscara en señal de triunfo. Si perdía, me quitaría la cabellera con unas enormes tijeras de plata: máscara contra cabellera. Las apuestas eran elevadas, la arena rugía.

Pasó el tiempo y en el ring se solo veía al luchador con su cabellera larga haciendo gestos de amenaza. Se burlaba de todos. De pronto informaron que se suspendía la pelea a muerte hasta nueva orden, porque el enmascarado de plata había sido atropellado por un camión y se encontraba hospitalizado.

El viaje a Pelotillehue, la ciudad de Condorito, era muy agradable. La gente hablaba y leía con pasión sus historietas. Su paisano chileno y algunos amigos recuerdan con nostalgia la primera publicación de la historieta en el número 1 de la revista Okey, propiedad de Zig-Zag.

El 6 de agosto de 1949 Condorito hizo su primera aparición como un ladrón de gallinas de ocasión, que posteriormente se arrepiente de comérsela y trata de devolverla al gallinero pero es detenido y encarcelado por un carabinero. En la prisión, Condorito se imaginaba al carabinero comiéndose la sabrosa gallinita. La tira cómica era de dos páginas enteras.

Las siguientes publicaciones de Condorito estaban basadas en un personaje que provenía del campo impulsado por la migración rural que se vivía en la década de 1950 en Chile; la personalidad de Condorito era la de un bromista, ingenioso y pícaro.

La idea de crear a Condorito le vino a Pepo después de ver la película Saludos amigos (1942), de la factoría Disney. En ella, el Pato Donald y Tribilín hacían un viaje simbólico por Latinoamérica, donde encontraban personajes que se suponía representaban los países visitados tales como: Argentina, Perú, Brasil y México.

Chile estaba representado por un pequeño avión: Pedrito, nombre que era un homenaje al presidente de entonces, Pedro Aguirre Cerda. En el filme, el avión Pedrito trata de cruzar con gran dificultad la cordillera de los Andes para llevar la correspondencia a Argentina. Pepo encontró insólita y paupérrima la forma en que estaba representado Chile, así que, indignado, se puso a trabajar en un personaje que fuera más representativo y que debería encarnar al chileno corriente. Para ello, se inspiró en el cóndor de los Andes, ave que figura en el escudo nacional de su país. Durante las ediciones de la revista Okey, se dotó a Condorito de un contexto real en una ciudad ficticia, Pelotillehue, junto a familiares y situaciones más cercanas a la gente.

Llegamos a Pelotillehue y del bus descendió Yayita, la novia de Condorito y Pepe Cortisona:

rival de Condorito, a quien siempre llama despectivamente "Pajarraco", "Plumífero", "Microbio", etc. Es un hombre que pretende a Yayita. Condorito y los demás no lo aceptan de buena gana, ya que es petulante y prepotente por lo que lo apodan "Saco de Plomo" y cuando Condorito habla directamente con él lo llama "Lingote", "Plomazo" o "Jetón". Es un hombre de torso ancho y musculoso de forma triangular, piernas delgadas, cortas y una dentadura enorme.

Borges era un admirador de don Quijote de la Mancha. Mafalda se soñaba jugando con Rocinante y charla con él preguntando:

—¿No será que en este mundo hay cada vez más gente y menos personas?

—Desde luego, responde Rocinante.

Mafalda alude a los seres humanos vueltos masa por obra de la ideología, los mecanismos de consumo y los medios de comunicación, en particular, la televisión y ahora las redes sociales, así como a la estandarización de las expectativas del consumo como vía de desarrollo y libertad.

Alguna vez le preguntaron a Jorge Luis Borges quién era el personaje histórico al que más admiraba, y el escritor respondió que el Quijote de la Mancha, como una forma de reivindicar la ficción literaria (y entonces la creatividad), además de la creación de una triste figura inspiradora de millones de personas.

Mafalda dejó profundos mensajes como el de: ¿Qué importan los años? Lo que realmente importa es comprobar que a fin de cuentas la mejor edad de la vida es estar vivo". Sabemos de sobra que ella odia la sopa y ama a los Beatles y al Pájaro Loco.

Hoy, en la esquina de las calles Chile y Defensa, unas esculturas de Mafalda de tamaño real aguardan sentadas en un banco la llegada de los turistas; se han convertido en las principales atracciones. En el barrio porteño de San Telmo, en el número 371 de la calle Chile, muy cerca del hogar de Quino, durante una hora dialogué con Mafalda en este lugar, me manifestó que le encanta la sopa, y pide a los gobiernos que no mueran más niños por desnutrición.

Sin falta, todos los días llegaba a su casa un lustrabotas, de nombre Mac Pato. Fue Catalogado en 2013 por la revista Forbes como el personaje ficticio más adinerado, el ejemplo de lo que no debe hacerse en los negocios. Guarda su fortuna en grandes silos con forma de caja de caudales, con un inmenso signo del dólar cubriendo la fachada. Dentro, acumula montañas de dinero en efectivo –billetes y monedas- sobre las que se arroja desde un trampolín, nadando literalmente en su riqueza, pasatiempo en que encuentra su máximo placer.

En1877 se convierte en limpiabotas, pero su primer cliente se burla de él y le paga con una moneda norteamericana de diez centavos. Él conserva la moneda como un símbolo de éxito. En 1883 Se convierte en minero, en busca de plata y cobre. La búsqueda de oro tiene éxito.

Entre 1899-1902 McPato se convierte en millonario y compra un banco. Comienza a construir un pequeño emporio financiero. Para 1902 se convierte en billonario.

Conoce a sus sobrinos, al Pato Donald y a su hermana melliza Della Pato. También conoce a Brigitta McBridge de quien se enamora. Ellos continuarán manteniendo una relación de amor/odio de allí en adelante.

En 1947 McPato se encuentra nuevamente con su sobrino Donald, y además conoce a sus sobrino-nietos Hugo, Paco y Luis. Decide volver a las andanzas e inicia la que tal vez sea la etapa más fructífera de su vida, al vivir con todos ellos muy diversas aventuras, que son las que han alcanzado una mayor difusión popular.

En 1967 McPato "muere" tras cumplir 100 años- Al sepelio asistí con los zapatos que todos los días embolaba, y aclaro que no pagué con una moneda de diez centavos sino con un dólar de plata.

Un día llegó a la relojería del barrio buscando arreglo para su reloj. Era el protagonista de la tira Dick Tracy. Su nombre Dick "designa en el argot estadounidense al policía, al sabueso, mientras que Tracy no es sino una deformación de "tracing", investigación, o de "trace", pista".

Dick Tracy, es un personaje llevado al cine, la radio, la televisión y los videojuegos. Recibe el reloj futurista, un intercomunicador, un pequeñísimo celular programado por algún viajero del tiempo. Viste un sombrero alón y gabardina amarilla. Lucha contra el crimen y contra la corrupción. Tracy es un policía inteligente y violento que solía soltar golpes a diestra y siniestra, pero no solo eso: también era bastante astuto, y usaba técnicas forenses avanzadas (para esos tiempos), al momento de resolver crímenes.

Vestía siempre un sobretodo amarillo y tenía un reloj sofisticado para comunicarse con el jefe de la policía.

En la selva se escuchaba un largo grito de guerra. Era Tarzán (en inglés: Tarzan) el Hombre Mono, el Rey de la Selva, adoptado por los simios "mangani" quienes lo llamaron Tarzán que significa piel blanca. Se columpiaba por las lianas, se enfrentaba a las fieras en defensa de su familia. Su naturaleza es heroica; adquiere grandes habilidades físicas, desciende de aristócratas británicos que al presentarse un motín en el barco que viajaban fue abandonado en la selva africana.

Cuando es adulto, hace contactos con seres humanos. Fui su profesor de inglés y francés, mientras él conocía otro mundo, pero regresa a la selva y no vuelve a salir a la tal civilización. Aparece con su indumentaria de dos piezas y sin ropa interior bajo ella; es un personaje ficticio criado por animales, creado por Edgar Rice Burroughs. Un día dialogando con Edgar comentó que piensa acabarle la soltería a Tarzán y está mirando pasar muchachas por las avenidas de Londres para encontrarle una compañera.

Escuchó el grito de ¡Arre Plata!, la famosa frase de El Llanero Solitario cuando, montado en su caballo blanco Plata, cabalgaba hacia el sol poniente gritando: "¡Hi-yo, Silver, away!" ("¡Arre, Plata, adelante!"). Con su traje de vaquero, antifaz, sombrero, revólveres a la cintura a cada lado, y balas de plata. Era un ranger enmascarado de Texas, perteneciente al viejo oeste de los Estados Unidos, que galopa para enmendar injusticias con la ayuda de su astuto y lacónico acompañante, el nativo potawatomi llamado Tonto (Toro, en los países de habla hispana, debido a que el nombre original se consideró peyorativo).

Lo vi pasar con el sombrero y el caballo, alzó sus manos y me saludó. El forajido Butch Cavendish le tendió una emboscada a un grupo de Vigilantes de Texas, matando a todos excepto a John Reid, que es rescatado por su viejo amigo comanche de la infancia. Cuando se recuperó de sus heridas, dedicó su vida a la lucha contra el crimen representado por Cavendish y se convertiría en el Llanero Solitario. Con la ayuda de Toro, fue al rescate del Presidente Grant cuando Cavendish lo tomó como rehén.

Supermán recuerda cuando lo vendieron en 1933 por 130 dólares como si fuese un esclavo. Lo vistieron con un traje azul y rojo, con una capa y un emblema con una letra "S" estilizada en su pecho.

Nació muy lejos de la Tierra en el planeta Krypton. Sus padres terrícolas lo llamaron Clark Kent. Es conocido como el Hombre de Acero. Bajo la identidad de Clark Kent, vive entre los humanos y trabaja en el diario Daily Planet de Metrópolis como reportero. Sus amos lo han explotado tanto, que hoy no sabemos si regresó a su planeta, dónde lo enterraron, o si se derritió con un pedazo de roca llamada Kriptonita. Hoy el planeta Tierra marcha acelerado a su destrucción, como pasó con el planeta de origen del hombre de acero...

Vive en un castillo ubicado en una montaña, llega todos los días temprano cuando sale el sol, es un humano con alas de murciélago. Algún día lo llamarán Batman, y saldrá en comics y será famoso.

Despertó de un largo sueño, durmió durante siglos y siglos y empezó a construir un universo y el mismo se llamó Chilica el eterno.

Está en todas partes a la vez; es invisible y todo lo ve, todo lo conoce antes y después, no se encuentra solo, siempre está acompañado de seres que serán eternamente recordados los cuales llamó con un soplo. La oscuridad no existe, solo la luz eterna iluminará el nuevo universo dale para él la luz eterna. La música llena el espacio de Kataca, el universo creado por Chilica, reunió en su corazón a los seres que los acompañan y les anunció las actividades que cada cual debe realizar. Partieron por el universo a cumplir con las tareas impuestas. Ahora les dicen los 30 dioses mayas que no descansen.

Hunab Ku: Es el dios más importante de la cultura maya, padre de todos los dioses. Es el único vivo y verdadero; de él nacen todas las cosas. Hunab Ku, o kolop u wich k'in, como se conocía en esta civilización, es una figura incorpórea, por lo que no puede representarse en la cultura. En su figura convergen las dualidades, los elementos opuestos con los que se dio origen al universo. Este dios es el todo y la nada al mismo tiempo.

Los mayas consideraban a Hunab Ku el centro de la galaxia, el corazón, la mente y el ser creador. Lo invocaban a través del sol y el centro del universo, donde ubicaban su presencia.

Chaac: Es el dios de los relámpagos y la lluvia.

Esta Deidad es una de las más populares y alabadas del panteón de los mayas, en vista de que se le atribuyen dones para proporcionar cosechas abundantes. Se lo ilustra como un hombre anciano con trompa y lengua de reptil.

En la Península de Yucatán, una zona azotada por las sequías, es donde más se le venera a este dios.

Hunab Ku: Padre de todos los dioses.

Dentro de la cultura maya este dios es el único que posee vida y del cual provienen todas las demás cosas, no solo los otros dioses mayas, sino todo lo que se encuentra a nuestro alrededor. Es un dios dual, por lo que representa también el todo y la nada. Los mayas lo invocan por medio del Sol, de donde creen que proviene.

Ixchel: Es la diosa del amor. Esta deidad es la esposa del dios de la sabiduría (Itzamná) y se la asocia a múltiples acciones además del amor. Los trabajos manuales, la vegetación, la fertilidad y la medicina, son algunas de las cosas con las que se la asocia dentro de la cultura maya. La ilustración de esta diosa consiste en una anciana vaciando una vasija sobre la superficie de la tierra.

Camila camina por un parque mirando las parejas que se aman, se acarician y se besan con besos prolongados que parece que se ahogan de amor. Se tocan con las manos, se lamen, no miran para alguna parte; son parejas que llegan en las horas de la tarde esperando un poco de oscuridad cuando se oculta el sol. Un policía cuida a las parejas; se escucha el trinar de pájaros de pecho azul, y en el piso se ven las flores que caen de un árbol frondoso: el viento es frio, la luna se ve en el cielo, no se escuchan voces, pero a veces se oye un beso que explota en el aire.

Camila camina despacio, busca a alguien, ¿al novio?, ¿si lo encuentra, qué sucederá? Las parejas no interrumpen el abrazo, ni la caricia, solo existen ellos... Camila encontró a su novio y llamó al policía para que lo capturara por robo de amor.

Publicó un aviso en la prensa buscando a una persona (hombre o mujer), para compartir la vida. Recibió muchas cartas y correos electrónicos, llamadas telefónicas y todos ellos solicitaban una fotografía y una hoja de vida.

Decidió elaborarla, con toda clase de detalles requeridos y agregó que ella era pobre, fea, violenta y mentirosa desde que nació. No volvieron a escribirle, solo un muchacho que le dijo que era rico, lindo y mentiroso. Se conocieron y fueron felices. Ella era muy bonita, rica y amante de la verdad y él era pobre y feo...

Durante varios días con sus soles y lunas, labora intensamente en la fabricación de una vasija mágica a la que nunca se le acabe el líquido que contiene, que será regado en la tierra por una anciana para que la vegetación sea siempre alegre, crezca sin límites y se extienda por toda la tierra, y sea el paraíso de los seres que van a habitar este bello lugar.

Ixchel se llama la anciana, y es la esposa del dios de la sabiduría. La anciana camina por todas partes y siempre está vaciando la vasija sobre la superficie de la tierra.

Harshita, una de sus alumnas de nivel superior, ha pedido ir a verla urgentemente. Ella es una joven alegre de 22 años, sin embargo, ese día llegó con los ojos rojos y una mirada triste. No había dormido. Al ver a su profesora el llanto se escuchó como un grito. Estaba desesperada; había llegado la hora de la verdad. Su madre comenzó a buscar candidatos para su boda y por eso, después de cinco años de relación, tiene que decirle adiós a su novio. Ella forma parte de los kshastriyas, la segunda casta más importante de la India; él pertenece a los vaishyas, la tercer casta.

Siente que todo se acaba, que es el final de su vida. Ella sueña con trabajar en la Embajada de España en la India; para ello ha estudiado Comercio y español, pero si se casa, lo más seguro es que nunca llegue siquiera a acceder al mundo laboral. Se convertirá en un ser completamente dependiente de su marido. Por ello ha acudido a María. Necesita salir del país.

Sus padres le han dado un margen de seis meses para encontrar algo en el extranjero y seguir con sus estudios. Si no lo hace, en medio año se verá obligada a casarse con una persona a la que todavía no conoce.

Harsita ha logrado huir y se encuentra en España. A diferencia del resto de jóvenes de su edad, se niega a aceptar un futuro en el que el matrimonio por amor no existe. Ella tendrá, al menos, una oportunidad para formar la familia que elija.

Terminó de leer el periódico que publica este relato sobre el amor en la India. Desafortunadamente, las autoridades no son serias. Estoy envejeciendo ahora. Pero seguiré luchando. Tampoco están contentos con el programa de conservación del Servicio Arqueológico de India, que restaura el Taj Mahal con una pasta de lodo, que se supone absorbe la suciedad y los excrementos que decoloran las paredes. Dicen que la pasta hace que la superficie del mármol sea áspera, lo que a su vez hace que el edificio sea más vulnerable al daño de las tormentas de polvo.

Para restaurar la gloria del Taj Mahal, Mehta, Khandelwal y la gente del Taj Ganj, creen que se debe prestar atención a cómo se llevó a cabo la conservación durante el Imperio mongol, e incluso durante el reinado británico.

Esto se lograría restaurando el río Yamuna a un estado no contaminado, e involucrando a los tradicionales pachchikar en el trabajo de conservación.

Pero después de dedicar tantas décadas al Taj Mahal, Mehta dice que tiene pocas esperanzas de que se haga algo para salvarlo. A medida que los cimientos se debilitan, le preocupa que llegue el día en que solo quede en la memoria.

Esta nota no es un cuento es una realidad. Realicé una búsqueda e información sobre el amor en diferentes países, y lo anterior fue aquello que más me impactó. Adquirí un pasaje aéreo y viajé a la ciudad de Agra, a conocer el TAJ MAHAL construido en el siglo XVII por el emperador Shah Jahan.

Periódicos consultados:
https://elpais.com/elpais/2016/11/14/planeta_futuro/1479137690_139793.html
https://www.bbc.com/mundo/noticias-46392149

Idn Kamni creó el mundo con saliva y tierra. Hizo el mundo antes de que fuera quemado por las llamas que vinieron de abajo del Río Venado. La primera gente llegó al mundo en una canoa, por una culebra que dejó sus huevos en los rápidos del Río de la Leche. Viniendo por el Río Venado, donde fluyen los ríos de todo el mundo. Idn Kamni obtuvo la noche; el sol estaba detenido y al tumbar el árbol de Ye, se formó el río. Los jaguares devoraron al pueblo de Idn Kamni y este los vengó dándoles muerte con el rayo.

Luego formó goma con el árbol balata, y soplando con humo, hizo una mujer culebra que quería como esposa; con ella tuvo un hijo. De su vientre de diente de piraña, se crearon todas las alimañas de este mundo. Buscó otra mujer, pero ella, Aguati, se fue a la casa de los buitres que Idn Kanmni tuvo que ahogar, y después de la búsqueda de miel, tuvo que matar a la mujer. Entonces Idn Kamni hizo un baile y se fue al cielo. Terminó de leer el libro.

Mito Nukak Maku

Buscaban a los secuestrados en la selva. En jaulas, mantenían a un grupo de militares que habían capturado en la toma de un pueblo. Desde el satélite de espionaje, recibieron las coordenadas del sitio exacto que andaban localizando. Eran tres soldados entrenados para este tipo de operaciones; teniendo en cuenta que los secuestradores, si descubren la presencia de militares, ordenan asesinar a los secuestrados. La única arma que este comando usaba, eran lanzadores de dardos envenenados que de inmediato paralizaban y causaban una muerte silenciosa; si por alguna razón eran descubiertos, se suicidaban con capsulas que llevaban en la boca.

Eliminaron a los guardias, pues solo eran tres guerrilleros jóvenes. Eran las cuatro de la madrugada y se escuchó el helicóptero encima de la jaula; descendieron soldados de rescate y partieron con los secuestrados y el comando jungla dispuso explosivos de alto poder alrededor de la jaula vacía; habían liberado a los prisioneros y era una trampa para cuando llegaran los guerrilleros a pasar revista a los militares retenidos. A las siete de la mañana se escuchó una explosión por todas partes.

Deivid Torres, observó la Tierra desde el habitáculo de la super nave que viaja por los espacios siderales, dejando sus huevos bioenergetizados para poblar la tierra que un día se autodestruyó. Él es Idn Kamni, y tiene parecido a usted, amable lector.

Hace cientos de años el planeta Marte está poblado por los seres humanos que en la mitad día del siglo XXI empezaron a llegar para habitarlo, alejados de la Tierra la cual se contaminó y acabada por un cambio climático.

Los extraterrestres son los hombres del siglo XXX que de vez en cuando vienen a visitarla y a repoblarla de vegetación que traen del planeta Marte. Naves cisternas traen agua del planeta rojo para regar el jardín de los extraterrestres.

Como todo ser extraterrestre deseaba conocer el planeta Tierra, es un viajero interestelar. Emplea tele trasportación a cualquier lugar del espacio infinito y viajan solos porque se auto reproducen al instante cuando requieren poblar una estrella. Se alimentan de energía y su conocimiento es eterno, puesto que todo ser trasmite su sabiduría. Cuando llegó a la Tierra la encontró poblada de seres gigantes que volaban en los aires; montó en uno de ellos y conoció la Tierra. Detectó energía nuclear empleada hace milenios por los habitantes de estos lugares durante una guerra entre las naciones.

Era el más fuerte y hermoso. Fue llamado Chibchacum y nombrado protector del cacicazgo Zipa, protector del pueblo de Bacatá. Huitaca, mujer hermosa, predicaba la rebeldía, el amor, las bondades de la vida alegre, y danzaba con las siramenas.

Los indígenas ofendieron a los dioses y chibchacum los castigó con un espantoso diluvio y la sabana se inundó. Ya no podían vivir allí, el protector los abandonó, entonces llamaron a Bochica y pidieron protección contra la maldición de Chibchacum.

Una tarde, cuando el sol bailaba en el aire, se escuchó un ruido tremendo en Bacatá; se hizo un arco gigante de colores y apareció Bochica con una vara de oro en la mano.

Su voz se escuchó por todos los lugares y todos los caciques con su pueblo llegaron y oyeron la voz del aire: "he oído sus ruegos, y condolido de ellos y de la razón que tienen en las quejas que dan de Chibchacum, me ha parecido venir a darles el favor en reconocerme: me doy por satisfecho en lo bien que me sirven, y apuraré en remediar la necesidad en la que están.

Tanto toca mi providencia, y así, aunque no calmaré los dos ríos, Sopó y Tibitóc, porque en algún tiempo de sequedad los habrán de necesitar, abriré una sierra por donde salgan las aguas y queden libres vuestras tierras".

Bochica arrojó la vara de oro hacia el Tequendama y abrió las piedras por donde ahora pasa el río y se forma el Salto del Tequendama. Así se organizaron las aguas, y las tierras de la Sabana de Bogotá se pudieron sembrar de nuevo.

Chibchacum recibió castigo del dios Bochica, que se indignó con el modo de proceder del protector del cacicazgo de los Zipas y fue condenado eternamente a cargar la tierra sobre sus hombros, que antes se encontraba sustentada sobre cuatro guayacanes.

Los Muiscas creían que todos los movimientos sísmicos de la tierra, se debían al dios Chibchacum, que cuando se cansaba de llevar la tierra en un hombro, la pasaba al otro. Por ello era considerado como el dios de los terremotos y además, el protector de los mercaderes y de los campesinos, que le hacían ofrendas en oro. El mito de Chibchacum presenta algunas semejanzas con el mito griego de Atlas, el gigante hijo de Cimene y Japeto, que tomó parte en la guerra de los gigantes contra los dioses.

Los gigantes fueron vencidos, recibiendo por ello los castigos de Zeus, que condenó al gigante Atlas a sostener la bóveda celeste sobre sus hombros. Por ello, al dios protector de Bacatá también se le llama "el Atlas Chibcha".

Un día de estos Chibchacum va a descansar; quiere dormir y lanzará la tierra lejos por los laberintos del espacio infinito. Huitaca también fue castigada y convertida en lechuza. Los hombres le invocan, para defenderlos, y para lograr que Bochica elimine las sanciones que impuso.

Un buscador de tesoros llegó a Trinitaria, Chiapas, México y preguntó ¿cómo llegar a Chinkultic? que en maya significa "cenote escalonado". Los cenotes son pozos de agua de gran profundidad, que se alimentan por la filtración de la lluvia y por las corrientes de los ríos que nacen en el corazón de la tierra. Es por eso que, al nadar en un cenote, sientes tanta frescura. ¡imagínate que la temperatura promedio de sus aguas es de 24°C.

Estos pozos deben su nombre a los mayas, que los bautizaron con la palabra Dz'onot, que significa "caverna con agua" y de ahí derivó a su nombre actual: cenotes.

—¿Cuál es su interés en visitar este bello lugar? preguntó el maestro...

—Deseo jugar pelota con mis antepasados, respondió el turista.

Continúo su marcha y ahora dicen que por las noches lo ven ataviado con los característicos elementos de protección tales como la piel de animal que cubre la cadera y cuelga hasta el piso, protección para las piernas, antebrazo y rodillas, destacando un cinturón grueso, jugando pelota con los espíritus mayas.

El juego de pelota tenía significación religiosa profunda, y era precedida a veces por el sacrificio si perdía, todas las noches el turista era sacrificado.

Recharte escuchó el llamado del caracol y se alistó en el ejército rebelde de Manco Inca. Abandonó su vivienda en Machu Picchu y se marchó a la guerra. Sus padres permanecieron cultivando la tierra para abastecer los soldados de Vilcabamba entre 1537 y 1572.

Durante la época incaica, Machu Picchu fue un importante centro urbano y religioso. Así lo demuestran sus finas construcciones de piedra pulida, en donde se destacan los bellos templos: el Templo del Sol, el Templo de la Luna, el Templo de las Tres Ventanas y más.

Según cuentan algunas crónicas, en 1570 el inca de Vilcabamba, Titu Cusi Yupanqui, llegó a un acuerdo con los españoles para que los frailes agustinos acudieran a evangelizar a los pobladores de Machu Picchu. De acuerdo con el antropólogo Luis Lumbreras, quizá fueron los evangelizadores quienes incendiaron el Templo del Sol.

En 1572, con el exterminio de los incas rebeldes de Vilcabamba, y la victoria española, los pocos habitantes que permanecieron en Machu Picchu debieron abandonarla casi en su totalidad. Los pocos que permanecieron allí pagaron tributo a los españoles aunque de forma muy aislada. Recharte fue encontrado muerto por sus padres y llevado a Machu Picchu donde se encuentra enterrado en el Templo del Sol.

Era tan alto como Sansón, tan hermoso como Apolo quien nació junto a su hermana Artemisa en la isla de Delos, donde pasó su infancia. Pronto creció y se convirtió en el dios más hermoso del Olimpo.

Montado en un carro de cisnes, regalo de Zeus, Apolo partió de su Delos natal, al país de los hiperbóreos donde sus habitantes son inmortales. Los griegos lo llamaban Febo, el resplandeciente. Un nombre muy apropiado para Apolo: además de dios de la luz solar y la música (inventó la flauta y tocaba la lira que le regaló Hermes), tenía los dones de predecir el futuro y curar y representaba el orden y la armonía del mundo. También era el más apuesto de los olímpicos, por lo que personificaba la juventud y el vigor propio de esa edad. En cuanto a su helenidad, los expertos no se ponen de acuerdo. Para unos, es el dios más griego del Olimpo, mientras que para otros, su culto en Asia Menor era anterior.

Hijo de Zeus y la titanesa Latona, los mitos difieren en dónde vino al mundo. Como sucedía con otros dioses, se atribuían el honor muchos lugares, desde Licia a la isla de Delos, la más mencionada.

Sabía que si Latona tenía un varón, los derechos legítimos de su hijo Ares se verían amenazados, así que le hizo la vida imposible. Pero todo fue en balde. Para mayor desesperación de Hera, Latona dio a luz no a uno, sino a dos hijos, Artemisa y Apolo. El niño, además, salió valiente. Cuando apenas tenía cuatro días, fue a Delfos a enfrentarse con la serpiente que había aterrorizado a su madre durante el acecho al que la sometió Hera.

La Pitón profetizaba a través de una grieta en una roca, el sagrado oráculo de Delfos, así que, tras matarla, el dios la sustituyó. Su escudo de acero reflejaba la luz del sol; tenía un metro de diámetro, y decían que representaba a Apolo, pero él era mortal. Murió a los 150 años de edad y dijo que volvería en el año 2050 para enfrentar a los rayos intergalácticos de las naves extraterrestres que destruyen la Tierra.

Apolo coleccionó amantes mortales de ambos sexos. Ninguno de sus colegas olímpicos le gana, con la excepción, claro está, del seductor más incorregible de todos, su padre. Pero cuando alguien es tan guapo, tan "apolíneo", resulta inevitable que se lo acabe creyendo y se lleve u ocasione más de un disgusto.

Tan pesado fue con Dafne, que la ninfa se convirtió en laurel para evitar su abrazo. A Coronis se la cargó por casarse con otro estando embarazada de él, aunque antes salvó al niño, el dios de la medicina Asclepio.

A Casandra le regaló el don divino de la profecía para después neutralizarlo porque la joven le rechazó, con lo cual nadie en Troya le creyó cuando avisó de la calamidad que se les avecinaba y aunque el bello Jacinto le correspondió, el dios del viento Céfiro, celoso de la pareja, sopló cuando Apolo lanzaba un disco que giró y golpeó mortalmente a Jacinto. Dolido, Apolo lo convirtió en flor. Este mito y el de Dafne le valieron ser también el dios de las plantas.

Llegó al Salto del Tequendama. Miró el arco iris, y recordó el día que el viejo Bochica con su vara de oro tocó la roca y la partió, dando paso a las aguas. También recordó a la mujer que lo acompañaba, a la que invitaba a bailar, a amarse, a libar la chicha. De esa manera se enamoró de Huitaca. Ella le recomendó a la cacica de Guatavita que no era amada por su amado, que era el zipa de todo un pueblo laborioso, como Huitaca, que no obedeciera a Bochica. Este la convirtió en lechuza. Él era guache, guerrero del pueblo muisca.

Se enamoraron y al ser descubiertos, el cacique ordenó descuartizarlo. La cacica por la noche huyó con su hijo y se lanzó a la laguna, y allí están en el fondo. Los orfebres reconstruyeron en oro al enamorado y lo llamaron El Dorado.

Mientras tomaba tinto con Julio Cortázar en el Café des Deux Moulins en Paris, el famoso escritor prefirió un café menos concentrado y pidió "un café allongé s'il vous plaît» (un café largo por favor); al decir largo, significa que diluyen el café poniéndole más agua caliente. Preferí un café con leche "un café au lait s'il vous plaît» .

Otro día tomando mate en la pasarela Debilly con la Torre Eiffel de fondo, dialogamos sobre la novela que está escribiendo. Me miró fijamente, y como soy pintor surrealista, expresó que era perfecto para ser Etienne, uno de los mejores amigos de Oliveira en su estadía en París.

Ese día llegó temprano a Rapa Nui, que significa isla grande, actualmente es la isla más grande de Chile. La Isla de Pascua tiene una extensión de 163 km², y ocupa el extremo oriental llamado Triángulo de la Polinesia. Al este de la Isla se ubica el punto más cercano al territorio del Chile continental, a una distancia de 3.526 kilómetros. Al oeste, podemos encontrar las islas británicas Pitcairn, a una distancia de 2.075 km. Con esto podemos sostener que no existe otro lugar habitado en el mundo que esté tan aislado en el mar como la Isla de Pascua. Desde el año 1895 y durante 60 años, Chile alquiló la isla a la "Compañía Explotadora de la Isla de Pascua". Una empresa de capitales británicos que transformó la Isla en una hacienda ovejera de gran extensión. Esto tuvo conllevó a una serie de transformaciones en la población autóctona que casi los lleva a la extinción.

Este navegante es un sobreviviente y viene por agua dulce. El elemento común es el agua y los moais están colocados estratégicamente en los únicos lugares de la Isla en los que había agua potable.

El pueblo de Aztlán, fue guiado, por una visión de su gobernante, hacia "la tierra prometida" que no era nada más y nada menos que el lugar donde encontrarían un águila parada en un nopal mientras devoraba una serpiente.

Después de un peregrinaje de años, la tribu encontró la "señal" indicada por los dioses, y se estableció en el lago de Texcoco, lugar en el que adoptaron el nombre de Mexicas y de donde luego surgiría el nombre del país México. Los Mexicas fueron conocidos por aliarse con otras dos tribus, Texcoco y Tlacopán, con la ayuda de las cuales derrotaron a otra tribu de Azcapotzalco. Posteriormente conquistaron los territorios vecinos hasta dominar toda la zona centro del actual país. Así que los Aztecas, instituyeron "capitales" o ciudades importantes, en las que se reunían los tributos de las zonas para después enviarlos a Tenochtitlán, la capital máxima del imperio.

Un día no realizó bien las cuentas de los tributos recibidos y fue sacrificado en lo alto de una pirámide.

Apareció en una batalla. Se estaban matando a machete, a cuchillo, con lanzas, con fusiles, a cañonazos. No sabía porque estaba en este espantoso lugar; las balas atravesaban su cuerpo y no sentía dolor, ni salía sangre. Lo atravesaron con una lanza y ni un grito dio; pasaban corriendo, no lo veían, era invisible y estaba en medio de una pelea. Tenía pesadillas, venia de una zona de guerra con grupos armados, prestaba el servido militar. Un día que estaba en la plaza de mercado, se lo llevaron para el cuartel y ahora tiene horribles sueños.

El sol baila en el cielo y el pueblo danza. Es la hora del sacrificio. Hoy le van a extraer el corazón y el sacerdote lo mostrará a los asistentes y lo comerá con amor. Esta pirámide es tan alta que se conecta con los demás espacios de la zona. A la entrada sur se encuentra una cancha de juego de pelota, así como el Templo de la Guerra, que al frente tiene 5 altares, mientras que del lado norte se encuentran otros cinco altares y al fondo la pirámide que también incluye ocho palacios, 13 templos —uno para cada dios maya— y una plaza, alcanzando así hasta 94 hectáreas... De hecho, Toniná derrotó a Palenque y en lugar fueron tomados prisioneros dos hijos de Pakal.

La ceremonia iba a empezar cuando un rayo de colores iluminó el lugar y el prisionero desapareció. La ciudad fue abandonada y la pirámide fue cubierta por la selva.

Estando en un parque en Medellín, Colombia, se reunió con unas amigas, todas ella gordas. En ese instante recordó las gordas de Botero, el pintor. Caminó hasta la Plaza bautizada con el nombre del artista, y allí estaban. Volvió al parque a dialogar con las sus amigas y ellas le comentaron que cuando se cansan de estar al sol y al agua, por las noches se vienen para el parque. A veces vienen borrachitos y les dicen piropos. A él le encanta hablar con las gordas de Botero y se sueña invitando a una de ellas a su alcoba.

Eran las tres de la mañana. Desperté y a mi lado vi a una mujer delgada, tan delgadita, que parecía un esqueleto. Me miró y con su enorme boca sin dientes, sonrió. No se parecía a la Gioconda, más conocida como la Mona Lisa, a Lisa Gherardini, esposa de Francesco del Giocondo, un buen amigo de la familia. Hoy están invitados a desayunar, y también vendrá Leonardo da Vinci. Lisa conversaba con Leonardo y lo miraba fijamente. En su ojo derecho quedaron grabadas las letras LV en recuerdo de Leonardo da Vinci.

Los aristócratas medievales se recreaban con juegos de habilidad como el ajedrez, y con juegos de suerte como los dados.

Muchos, como María, tuvieron problemas para pagar grandes deudas, pero pocos podían confiar en los recursos de la corona para salvarlos: la princesa-monja tuvo suerte de que su padre no tuviera problema en cubrir, una y otra vez sus pérdidas. Pedro siempre ganaba jugando a los dados con María, y valga decir que los dados estaban arreglados para que Pedro ganara.

Mensaje de Salvador Allende a los ciudadanos transmitido por Radio Corporación a las 8,45 de la mañana, 11 de septiembre de 1973:

"Que lo sepan, que lo oigan, que se lo graben profundamente: dejaré La Moneda cuando cumpla el mandato que el pueblo me diera. Defenderé esta revolución chilena y defenderé el Gobierno porque es el mandato que el pueblo me ha entregado. No tengo otra alternativa. Solo acribillándome a balazos podrán impedir la voluntad que es hacer cumplir el programa del pueblo". Finalmente fue derrocado por un golpe militar, encabezado por el general Augusto Pinochet Ugarte, el 11 de septiembre de 1973. La opinión generalizada es la de que Allende se suicidó durante el asalto al palacio presidencial de la Moneda. Recibió exequias nacionales en 1990, tras la restauración de la democracia.

"No habrá un Presidente que se suicide, porque el pueblo sabrá responder"

Salvador Allende se quitó la vida con un fusil AK-47, regalo del líder cubano Fidel Castro. Tomé la foto y salí llorando.

Príamo y un viejo heraldo se dirigen hacia el campamento aqueo. En el camino encuentran a Hermes (enviado por Zeus), que los ayuda a pasar inadvertidos hasta la tienda de Aquiles. Príamo ruega a Aquiles que le entregue el cadáver de Héctor y ofrece regalos, que Aquiles conmovido acepta.

Luego Príamo pide a Aquiles un lecho para que lo acoja el sueño, y el hijo de Peleo ordena que se dispongan dos lechos: uno para Príamo y otro para su heraldo. Después de eso, Aquiles da, a petición del anciano Príamo, once días para los funerales de Héctor, de modo que el duodécimo día los troyanos volverían a pelear. Esa noche como heraldo, en el sueño, vi la muerte de Héctor.

Las fuerzas troyanas se refugian en la ciudad, pero Héctor queda fuera, con ánimo de pelear contra Aquiles. Una vez los dos guerreros están frente a frente, Héctor huye y da varias vueltas alrededor de la ciudad. Pero luego aparece Atenea y se hace pasar por Deífobo, engañando así a Héctor. Este, al creer que será una batalla de dos contra uno, se enfrenta por fin cara a cara a Aquiles, que lo mata. Ata su cadáver a su carro de combate y vuelve a su campamento subido en él. Zeus da permiso al resto de los dioses para que intervengan en la batalla y ayuden a los que prefieran. Aquiles inicia un furioso ataque en el que lucha con Eneas, que finalmente es salvado por Poseidón. Mata a Polidoro, hijo de Príamo, y se le enfrenta Héctor, pero Atenea ayuda a Aquiles y Apolo aleja a Héctor del combate.

Terminó de leer La Ilíada y la Odisea, y se quedó dormido para siempre.

Llega la madrugada. Empieza el alba, el período que transcurre desde que aparece en el horizonte la luz del sol, y se hace de día. Empezaba a aclarar cuando vio venir a tres bellas mujeres: Nona, Décima y Morta. Ellas son hilanderas. Son tres hermanas que personifican el nacimiento, la vida y la muerte. Son las diosas del destino.

Escribían el destino de las personas en las paredes de un enorme muro de bronce y nadie podía borrar lo que ellas escribían.

En griego se llaman: Cloto, Láquesis y Átropos. En la mitología nórdica eran conocidas como Urðr (o Urd, "lo que ha ocurrido", el destino), Verðandi (o Verdandi, "lo que ocurre ahora") y Skuld ("lo que debería suceder, o es necesario que ocurra").

Se encargan de llevar las almas fallecidas a lugares donde pertenecen (Infierno, Cielo, Purgatorio).

Las tres se dedicaban a hilar; luego cortaban el hilo que medía la longitud de la vida con una tijera, y ese corte fijaba el momento de la muerte.

Hilaban lana blanca y entremezclaban hilos de oro e hilos de lana negra. Los hilos de oro significaban los momentos dichosos en la vida de las personas, y la lana negra, los periodos tristes.

Me miraron, sonrieron y en coro dijeron: "siga durmiendo".

Con el sol empezó a preparar los tintes que emplearía en la escritura del códice. Poseía cualidades de pintor y dibujante; tenía conocimientos profundos de la lengua. Era especialista en temas de la creación, y estaba dedicado de tiempo completo a escribir códices. Era un tlacuilo maya. Vivía en un centro religioso. En esos mismos centros se guardaban los manuscritos en aposentos llamados amoxcalli (de amoxtli, libro, y calli, casa).

Mientras pintaba sobre el lienzo escogido, en su mente vio imágenes de un futuro que algún día llegará. Pintó enormes rascacielos, un fórmula uno, una pantalla de televisión. Un día desapareció para siempre; un rayo de luz se lo llevó.

La gritería de miles de hombres llegaba por las noches y no dejaban dormir. Atacaban en la oscuridad; las armas no descansaban, ni el ruido de las ametralladoras, ni los gritos de dolor. Mientras la luna brillaba, el cielo se llenaba de estrellas.

Estoy en la Batalla de Monte Calvo en una serie de cinco enfrentamientos por la Colina 266 en el centro-oeste, dentro del marco de la Guerra de Corea, que ocurrieron durante un período de 10 meses entre 1952-1953, aunque también hubo altercados violentos tanto antes, como después, de estos compromisos.

Una de las colinas más prominentes llegó a ser llamado Monte Calvo (en inglés "Old Baldy" literalmente "Viejo Calvo"), que ganó su apodo después de que la artillería y el fuego de mortero destruyeran los árboles en su cresta.

"Unos minutos más tarde, dos soldados vinieron corriendo a mi trinchera gritando: ¡Los chinos están llegando, los chinos están llegando!... El enemigo estaba tratando de superar nuestra posición disparando sus ametralladoras y lanzando granadas".

El olor a pólvora y sangre llenaba el aire. Se convirtió en un infierno. Sin embargo, los colombianos lucharon con su valentía acostumbrada y reconocida. Los agresores, aprovechando su enorme superioridad numérica, tuvieron que conquistar la posición zanja por zanja, fortaleza por fortaleza, en feroz combate cuerpo a cuerpo. Si no hubiera sido por la heroica resistencia de las tropas colombianas en Monte Calvo, las fuerzas chinas podrían haber roto la Línea de Resistencia de la 7ª División, entrando profundamente en territorio aliado con consecuencias muy graves, ya que el camino podría conducir tropas y vehículos blindados enemigos, directamente a Seúl.

En este punto, el comando de la División ordena a la colina una tierra de nadie, y el bombardeo más temible comienza en el Monte Calvo. El Batallón colombiano había sido incapaz de recuperar a sus hombres detrás de las líneas, perdidos, heridos o muertos. Todos estaban a merced de la Fuerza Aérea de los Estados Unidos, implacable en su acción.

Desperté de esta pesadilla. Han pasado los años. Empeñé la condecoración para comer por unos días.

El Papa no murió de ese hipo, sino de otro, en 1958, combinado con otras afecciones gástricas. El que casi muere, es García Márquez el mismo día de su arribo a Roma. A su llegada a la estación de tren, un joven lo ayudó a cargar las maletas, y le recomendó un hotel en la Vía Nazionale, pues las comidas venían incluidas en el precio. Ya en el vestíbulo, divisó a diecisiete ingleses sentados y decidió irse a otro hotel, pues la disputa de las islas Malvinas había provocado que se desencantara con los británicos. "Esa noche, los diecisiete ingleses y todos los huéspedes del hotel del tercer piso se envenenaron con la cena."

Gracias Nestor Ponguta por llevarnos por estos fantásticos pasajes de Gabo en Roma. García Márquez regresó a Roma veinte años después de haberla dejado. Se alojó a su vuelta, cuenta Valeria Campana, en el elegante hotel Hassler, frecuentado también en sus visitas a la ciudad por personajes como los los Kennedy, o el mismo Picasso. Volvió para recordar detalles para escribir la citada obra "La Santa".

Pertenezco al inframundo de los muertos. Los muertos no estamos muertos, estamos vivos por toda la eternidad; estamos en la quinta dimensión. Los gigantes pasaban en grupos de diez: el primero llevaba plátanos, el segundo uvas, el tercero manzanas, el cuarto naranjas y todos dejaban sus huellas en el camino. Los primeros tenían diez dedos en cada pie, los segundos ocho, los terceros seis, los cuartos, dos.

Cuando es lunes siento alegría. Me levanto ilusionado y pienso que todo va a salir bien porque es lunes. Estoy con todas las energías de la tierra. El lunes tiene su encanto y trae música, baile, amor.

Eso me pasa los lunes. Me parece un gran día. Siempre me ha sucedido que el lunes siento deseos de correr por las montañas, cruzar un caudaloso rio y pasarlo a nado, así este rodeado y acompañado de caimanes. La selva me llama y el sol baila en lo alto de los cerros.

Los lunes me llegan pensamientos creativos como el de inventar un rayo que lo vuelva a uno invisible, de crear unas alas para volar por todas partes, de inventar un tele transportador en el tiempo para conocer el futuro o el pasado. La noche del lunes trae personajes a mis sueños y dialogo con ellos; son de colores y se comunican con sonidos. Por eso amo los lunes.

El niño llegó a la tienda del barrio y solicitó diez panes, cinco huevos y tres pastillas de chocolate. Todas las mañanas la madre enviaba a su hijo a comprar pan para el desayuno. La tendera anotó en un cuaderno el valor de la venta, transacción a crédito o al fiado. En este barrio todos fían y pagan al final del mes.

Sirvieron el desayuno y de pronto el niño dijo:

—¡Mamá, mire lo que me salió en el pan! y mostró un collar de piedras preciosas que debía valer millones de pesos. Ese día cancelaron la deuda en la tienda y la familia desapareció del lugar. Unos dicen que se fueron para Europa, otros que cambiaron de ciudad, que se ganaron la lotería, en fin, comentaban y comentaban y nunca más apareció esta familia.

Son las seis de la tarde del 4 de septiembre de 2.537 y va a empezar la transmisión en vivo y en directo de la llegada de los conquistadores españoles a Suamox.

En un inmenso cubo fotónico se proyectan las imágenes. Son imágenes cuadridimensionales. Primero aparece en el cubo el doble cercado cacical y la gran Casa del Sol. Una calzada con esteras de colores une los diferentes bohíos.
Cincuenta personajes vestidos con mantas indígenas, montando a caballo, entran al cercado.

—¡Son muiskhas!— dijo Sugamuxi con asombro.

—No, son españoles. Vienen de una región muy distante. Visten como los muiskhas por que los vestidos de seda que lucieron cuando salieron de España se destrozaron por el viaje por mares, ríos caudalosos y selvas por el calor y la lluvia; cuando llegaron a los grandes depósitos de ropa y sal del Zaque, se vistieron con las mantas del muiskha.

El Sabio Sugamuxi pensó cuando el papá de su papá, contaba que un día llegaron a la Tierra seres del aire y dialogaron con los muiscas de una región cerca de Ramiriquí, la antigua capital del Zacazgo. Sus naves se llamaban Viracochas y el sitio lo llamaron Viracachá.

Cuando construyeron la Casa al Sol en Hunza, los seres de las estrellas ayudaron y trajeron de noche las columnas de piedras por el aire. Los Viracochas ayudaron a los muiscas a construir enormes templos de piedra. Así construyeron la Casa del Zaque Goranchacha en Hunza con la ayuda de los seres del aire.

Nunca un muisca vio como trajeron las enormes columnas de piedra. Son 29 grandes columnas de cinco metros de altura y 70 centímetros de diámetro. Cuando partieron de Ramiriquí los seres del aire, los muiscas los pintaron en la Cueva del murciélago para no olvidar este encuentro. Anunciaron su regreso algún día.

Una noche sobre el Cerrito, en la Ciudad del Sol, observaron una extraña nave de la que descendieron unos seres iguales a los de hoy que extendieron sus alas y volaron sobre el valle de Iraca. Regresaron y emitieron un sonido que algunas veces se escucha en la madrugada por estos lugares.

Mi nona mostró un inmenso triangulo que lanzaba luces de colores en el cielo. Ellos son nuestros padres eternos y se visibilizan para que sepas que ellos te cuidan. Cuando los necesites llámalos, y ellos entraran a tu corazón.

En una finca cerca de Firavitoba cayó hace años un meteorito. Todavía el pueblo recuerda la bola de fuego que atravesó el firmamento. Fue en las horas de la noche. A veces escuchan ruidos que provienen de esta enorme esfera de un metal desconocido.

En el Lago de Tota, cuando es luna llena, salen naves en forma de triángulo formando un escuadrón elevándose y dejando un mensaje a la tierra: cuidar el agua para que continúe la vida que ellos un día sembraron en este planeta.

Descendemos de los seres del agua.

Una bola de fuego del tamaño de un balón de futbol cayó en el solar de la casa. Salieron de la tierra cientos de ratas gigantes que eran absorbidas por la extraña bola que crecía en tamaño. De pronto se elevó y se escuchó la Sinfonía Fantástica, y una voz diciendo: partimos para un exoplaneta lejano. Adiós.

Aquella mañana encontraron una tumba del tiempo de los muiscas. Encontraron una momia dentro de un costal de fique. Lucía una diadema de oro con una luna, brazalete de oro con figuras de aves, un pectoral de oro, y agarrado de la mano derecha, un celular de marca conocida.

Una de las galerías más famosas de París es visitada por cientos de amantes de las artes plásticas. En sus salones se encuentra «La Noche estrellada» de Van Gogh, «Guernica» de Pablo Picasso, «La Persistencia de la memoria» de Dalí, "Picnic en las montañas" de Fernando Botero, y un inmenso cuadro de un autor ruso desconocido, del año 1592 «Picnic en el rio Volga» donde una familia ve televisión.

En el monumento al Sol de la ciudad de Sogamoso se encontraba subido un muchacho descamisado que daba gritos. Vino la policía y lo bajó. Dijo que vivía en la calle de Mochacá, pero que en ese lugar hace muchos años demolieron la casa. Explicó que era un guerrillero de Guadalupe Salcedo. Las guerrillas de esa época se acabaron hace más de cincuenta años. La Fiscalía informa que desapareció en 1950 y se vinculó a las guerrillas. Fue llevado al cuartel de la policía y de allí desapareció. Las cámaras de seguridad no registraron su salida.

Conducía su carro por la vía Tunja-Bogotá. Al pasar el Puente de Boyacá, la neblina impedía la visibilidad. Entonces detuvo su marcha y estacionó en un restaurante de venta de gallina. A los dos días regresó y preguntó por el restaurante. Le informaron que se llamaba "la gallina caliente", y que había cerrado sus puertas hacía cincuenta años.

Un hombre apareció en Tunja sentado en la grupa del caballo de Bolívar. Vino la policía y el cuerpo de bomberos. El hombre hablaba mandarín, y su cuerpo estaba pintado de diferentes colores. En inglés, les dijo que no lo tocaran porque su cuerpo producía descargas eléctricas y rayos cósmicos. Comentó que venía del año 2200, que vivía en Tunja, y que las casas allí eran como globos, y que sus habitantes hablan mandarín. Un rayo atravesó el aire y el hombre desapareció.

En aquella aldea, en una pesebrera nació un niño. A visitarlo llegaron unos pastores. Con ellos venia un hombre que no vestía a la manera de la época; usaba una sudadera de deportista y una cachucha con el escudo del equipo de futbol América. Este visitante tan raro le dijo al niño: comandante ordene que me regresen a Cali. El hombre desapareció y el niño sonrió.

Índice

www.ingramcontent.com/pod-product-compliance
Lightning Source LLC
Chambersburg PA
CBHW020959160726
47994CB00006B/2302